DECISIONES PROPIAS...
DESPUÉS DE AMARTE

Entre poemas y pensamientos, tengo guardado un secreto y el deseo por sus besos

ANTONIO GRIMALDO

Reservados todos los derechos. No se permite la reproducción total o parcial de esta obra, ni su incorporación a un sistema informático, ni su transmisión en cualquier forma o por cualquier medio (electrónico, mecánico, fotocopia, grabación u otros) sin autorización previa y por escrito de los titulares del copyright. La infracción de dichos derechos puede constituir un delito contra la propiedad intelectual.

Ibukku es una editorial de autopublicación. El contenido de esta obra es responsabilidad del autor y no refleja necesariamente las opiniones de la casa editora.

Publicado por Ibukku
www.ibukku.com
Diseño y maquetación: Índigo Estudio Gráfico
Copyright © 2018 Antonio Grimaldo
Fotógrafo: Joaquín Ugalde Rangel - Director General Hikuri Films.
Teléfono: +52 4881117729
Instagram: @jugalde_producer / @hikuri.films
Facebook: www.facebook.com/HikuriFilm.soficial
Correo electrónico: hikuri.filmsoficial@gmail.com/jugalde_producer@hotmail.com
Modelo: Jennifer Carranza Grimaldo.
Diseño de Portada: Carlos Elí Cantú Pineda.
Teléfono: +52 4881002314
Instagram: @eli.cantu.5
Correo electrónico: elicantu34@gmail.com
ISBN Paperback: 978-1-64086-319-4
ISBN eBook: 978-1-64086-320-0
Library of Congress Control Number: 2019932510

POEMAS

Por ella, con una estaca clavada en el corazón, siempre le brindaré mi mano para que pueda levantarse. Será prohibido tocar su corazón, tan claro es que no podré regalarle una rosa. Caballero siempre seré para una mujer, así sea con los duros golpes que me dirija: siempre seré aquél hombre quien debio estar a su lado.

Aún continua aquella voz pequeña insistiendome no pensarla. No la culpo, estoy de acuerdo. Quisiera saber cuál es el arte de olvidar para disfrutar un día sin su bella imagen, aunque una tarde sería suficiente para cesar de escribir y respirar tranquilamente un momento. Qué puedo hacer, vivo de suspiros incesables por una mujer bonita.

Conocer a una mujer para que sea la causa de mis textos es inolvidable. Cuando la miro sofoco suspiros para no ser tan obvio. De qué tienen valor mis palabras si no están entre sus manos. Mi amor no tiene valor si la puerta de su corazón no está abierta para mí.

Para qué me insiste aquella otra voz pequeña escribir. Ella no tiene idea que estas palabras se escabullen de mi corazón sólo para ella.

Innovo mis detalles para ver tu linda sonrisa, para mantener emociones en tu vida. Innovo mis detalles por amor a ti, en cada uno de ellos se encuentran plasmados los momentos de anhelo, por una mujer. Cartas, obsequios pequeños y algunos susurros al oído, son cosas disfrazadas de apariencia insignificante con un fondo maravilloso en el cual nadie puede estar. Es por eso que te anhelo, me encaminas tomado de tu mano, a aquel lugar que recreas en cada momento, con cada beso de tus labios suaves. Abrazos llenos de sensaciones, tu mirada tierna llena de amor que causa suspiros inredactables. Sólo tú me llevas a ese lugar maravilloso.

Mis gráficos literarios han dejado de causar sensaciones en la mujer amada por mí y yo sin saber por qué.

¡Mi literatura! es por ti, ¡por ti! me he convertido en poeta. Aunque de golpe desee arrancar el sentimiento hacia ti, a mis gráficos literarios volverás a contemplar con esos ojos hermosos. Entonces comprenderás que no se ha extinguido el amor que no quieres vivir.

Ya no hay qué decir, por ahora... cada que miras estas líneas no sabes qué decisión tomar. He abusado de mis textos por amarte pero no abusé de tu confianza por ser arrogante (exigente) ante tu cariño, jamás lo hicé y jamás lo haría. Me sentía afortunado con sólo saber que me amabas.

Me despido por ahora mujer que sin saber que el miedo y la pena son importantes para decidir dar un paso en tu vida; uno es la causa de idiotas aprovechados de tu amor, y el otro, es la causa del caballero que provoca sensaciones en toda tu persona, pero no van de la mano, como me gustaría estar contigo.

Esta noche pienso en cada rosa que le entregué. Pensaba en la primavera, donde florecían aquellas rosas que yo le llevé. Pensaba en su mirada alegre que volvía a demostrar que sentía amor.

Ahora cada día vivo con un silencio temeroso. ¿He perdido su amor? No lo sé, al menos puedo verla a los ojos detenidamente sólo por un instante, pero existe un problema, me ha aherrojado en sus palabras de ironía: "Él no es para mí". Es un problema porque no se ha percatado que ella me tiene atrapado en sus manos.

Tan cerca de mí, a pocos centímetros, está la mujer de cada sueño, cada noche presente en mi mundo de tortura, por sus abrazos, su mirada tierna aproximandose a mi pecho. Extraño escuchar su voz, sentir su cabeza en mi pecho, sentir su abrazo tan suave, tortura que cada día debo sofocar. Tan cerca de mí y no se percata de la sonrisa que me provoca, de los suspiros inevitables. Tan cerca de mí y no se ha percatado que he escrito un texto más dedicado para ella.

En un sueño más, veo cómo mi paciencia por esperar se límita. He pensado en optar por arriesgarme: un momento inesperado, donde pienses que no estaré, con mi detalle más sagrado... una rosa te daré.

He olvidado que demasiado te he adorado, tantas noches pensando en ti, y lo más sagrado aquí a mi lado esperando que lo entregué a ti más de una vez.

Es inútil, vuelvo a amarla, literalmente... no olvido su rostro bonito. Quiero saber sobre ella, saber que le hace sentir mal, quiero saber por qué está tan cerca de mí y no aceptar lo que siente en verdad, quiero saber el motivo de no querer amar. Quiero hacerla reir, quiero verla sonreír, son cosas, que sólo de ella, vuelvo a idolatrar.

Tal vez exista un miedo que tenga por mí, tal vez no quiera volverme a amar, pero yo estoy aquí, demostrándole, que soy la persona con quien anhela estar. Tal vez quiera volver a amarme, tal vez sólo sea el miedo que la encierra en un silencio para no hablar jamás.

No sólo quiero tenerte entre mis manos. Quiero escucharte: quiero saber cómo estás.

Conocimiento de cada día

Espero paciente, de ti, una señal que sea evidente. Cual sea que decida tu corazón, tal vez espere eternamente; si me dedicas algunas pequeñas señales, donde aún m equieres y deseas que te ame.

Algo contigo se queda, pero algo conmigo se va; mi esperanza contigo se queda, y el amor conmigo se va; en demaisados intentos fallidos, por alguna razón no lo quieres aceptar.

Con demasiadas palabras me dejas, no las quieres escuchar, pero, ¡aquel día que hagas mal! paciencia y comprensión de mí has de extrañar. Cambiaste mis rosas por insultos de un idiota. Cambiaste mis halagos y caricias por maltratos en noches y días. ¡Te hizo creer! cada maldita palabra desde que lo conociste a él. En cambio yo, después de cada sonrisa que te robé, dudas de mí, más de una vez. Aunque me has defenestrado por un amor sin fundamentos, limpiaré tus lágrimas, porque soy un caballero.

No lo olvides, aquí estaré, por si una lágrima de ti vuelve a caer.

¡Es una fantasía! y no un sueño, tu "lindo amor". Ninguna cobardía me acompañaba, porque ¡una ilusión te arranqué! y te demostré lo que es amor. Hoy, he decidido renunciar a ti: no pensarte un momento más; arrancarte de mis sueños, pero no es posible, vuelvo a amarte.

Aquellas rosas preciosas no las he tenido por demasiados amores, ¡cada una es para ti! A día de hoy no te he tenido ninguna rosa: he pasado mucho tiempo sin verte. Ninguna rosa estáa mi lado, ya no quiero rosas para ti, aunque todavia te amo... siendo ausente. Ahora una rosa, llena de soledad, está muriendo.

Decidiste darme paso a tu amor esotérico, ¡sabes que soy el único! que comprende ese amor oculto. ¡Sabes que soy el único! que puede explotar todos tus sentidos. Tal vez tengas miedo, porque ¡sabes que soy el único! que puede enamorarte, provocar temblor en todo tu cuerpo; sabes que mi especialidad es tomar algo pequeño y convertirlo en un gran detalle; ¡sabes que soy capaz de verte a los ojos! diciendo cuánto te anhelo y ¡que soy el único! con voluntad para cerrar cualquier brecha entre tú y yo. Lo que no sabes es que tú puedes dominarme a voluntad. Aunque me demuestres lo contratio, ¡sabes que soy el único! que puede y es capaz de encontrar el camino para llegar a tu corazón.

Todo el amor que tenía era tuyo. ¡Tuyo! un tonto enamorado, con pocas cosas que te ofrecía; no más de una rosa; más que un amor sincero; ¡más de mil letras! poemas dedicados para ti.

Hoy me encuentro enamorado, pero me niegas el paso para ser dueño de tu corazón, aunque me das oportunidad de conquistarte. Tu silencio me dicha y devasta: ¡me dicha! porque no recibo un "no" como respuesta; ¡me devasta! porque no recibo un "sí" como respuesta y la espera se alarga.

Pronto descubrirás el amor farsante de aquellos pretendientes que te rodean, será fácil, están llenos de impaciencia. No se tomarán el tiempo para conocerte, para disfrutarlo como yo lo hice. No admirarán tu sonrisa como yo cuando apreciaba verte sonreír. ¡No estudiarán la hermosa mujer que eres! para descubrir la manera de hacerte reír, como yo te estudié para disfrutar tu sonrisa. No te estudiarán para llenarte de alegría, como yo lo hice, teniendo una sorpresa en el momento, y llorabas a causa de ello. No harán esto, porque están en busca de un "amor" exotérico, ¡son principiantes en el amor! no lo conocen, porque son expertos engañando el corazón de más de dos mujeres.

Tú deseas abrazar una fría roca, un "hombre" que engaña a tu corazón. Tú me niegas el paso a tu amor, yo busco cómo conquistarte.

¡Quiero olvidar! por lo menos un momento, el rostro que no olvido. No ceso de pensarte. A veces realizo un esfuerzo para no verte y ¡no saber de ti! para salvar la poca dignidad que tengo.

Perdí mi dignidad por consolarte, para que no cayeras en trizteza; sólo rosaste la brisa de ella. ¡Yo! arriesgando lo poco que tengo, caí en brazos de la tristeza; no son nada comparados esos fríos brazos con los cómodos y cálidos brazos que tú me ofrecías.

Estoy encadenado al más bajo nivel de un enamorado; recordando tu cariño y tratando de olvidar el gran amor que causaste… porque no quieres nada de mí.

De los sueños ¡no puedo arrancarte! a tus ojos no puedo ignorar, tu sonrisa es lo que más admiro y delcamino ¡no te puedo sacar!

No sé cuánto tiempo falte. A este amor encadenado, a voluntad, ya no le queda esperanza de tu amor.

¡Siento temor! con la presencia de aquella dama. ¡Ella sabe que siento amor! Ella es culpable del amor vacío de la que se alimenta mi alma. Dejaré de amarla, aunque me quede sin alma, para no temer cuando vuelva a verla.

No intentaré ahogar mis suspiros, con ellos soy feliz. Tú continúa negando que me quieres… intenta ser feliz. ¡Te he perdido! y sólo vivo esperando la última noche en que yo te ame, rodeado de letras que me llenan de muerte; letras que componen mi muerte.

He agotado mis palabras para plasmar que te extraño; ninguna palabra describe mis tristes momentos sin ti. Tal vez guardo mis palabras para no dejar rastro de anhelo hacia ti. No escribo bonitos textos, pero continúo teniendo sueños donde estás muy presente… no quieres salir.

Es increíble ver cada noche cómo baja rápidamente el nivel de vino en mi botella. Así quisiera que bajara en mí el nivel de extrañarte.

Creía que no era posible llenar nuevamente unas hojas blancas, plasmando para ti, que cada día te he extrañado.

Hay mil rosas a mi lado, no espero que aceptes cada una de ellas, aunque tampoco te las negaría.

Son obvias mis palabras para saber qué me rodea. Y si en ti centro mi mirada, te dejo sin alguna de ellas.

Cuando pienso en ti, existe un momento que puede envolverme, donde no puedo aparteme de todas aquellas palabras que escribo al paso de adorarte, de extrañarte. No es fácil soltar las hojas en las que escribo. Me mantengo en silencio escuchando a mi corazón, esperando las últimas palabras que te escriba con amor.

Para el encanto de tus bellos ojos, he escrito cada palabra que me gustaría que escucharas de mi voz, aunque me encantaría contemplar la tuya.

Mis botellas caen y el vino en su interior se derrama sobre mis poemas, acausa de ello no hay dolor, puedo escribir más de mil letras para la admiración de tus ojos.

Las rosas que tanto menciono aún no han marchitado debido a que las he empapado con lágrimas que he llorado, a causa de tu lindo recuerdo.

Yo no escribo a la necesidad de llenar unas malditas hojas con lágrimas, tinta y textos que ocultan nuestra hermosa historia. Escribo el camino que recorro cada día, dejando un rastro de anhelo que existe hacia ti, en cada palabra que contemplas.

Por ahora me retiro, es momento de limpiar los poemas empapados del vino que he desperdiciado. En otro momento te escribiré.

Hoy no tengo deseos de recordar lo bonita que eres. Hoy le nearé la entrada a los recuerdos que tengo sobre ti. No quiero pensar en tu adorable sonrisa. Quiero dejar de sentir, cuando duermo, la presencia de tu cuerpo sobre mi cama; olvidar durante unas horas que tú eres quién está llenándome de motivos para llenar miles de hojas con palabras que algún día llevarás en tu corazón. "Algún día", en llamas" estarán mis libros que escribí para ti; será lo último que haga para ti: quemar hasta la última letra y no verte otra vez.

Por qué demonios, pacíficamente, me altero al verte, perfectamente entiendo que yo no te bastaba. A veces pienso en esos momentos, abriendo una de mis botellas. Al paso de consumir el licor te escribo más palabras, no para adorarte, sino para rodearme y morir sobre ellas; mis propios poemas me han contradicho, demostrando que continúo idolatrándote. Tú nunca sabías cómo mentir para evadir la verdad que ocultabas. Yo siempre sabía cómo plasmar mis palabras para interesarle a tu corazón. Hoy quiero compartir qué escribo para ti, aunque "no le interese a tu corazón".

Eres un peligro latente que perdura en cada sonido fuerte que produce mi corazón. La alegría es inevitable, y no es necesario verte. Tu sonrisa la imagino tanto y estoy a un sólo suspiro de caer en encanto para volver a quererte.

Son pocas las veces que pienso en buscarte, sofocando el deseo de abrazarte y corriendo el riesgo de perderte. Amarte tanto fue un error, descubrí cuánto le importaba a tu corazón: yo no era nada, sólo un idiota que vivía su propio error, muy enamorado, que creía tener… amor.

Eres un peligro, encantas a cada "hombre" con sólo escuchar tu hermosa voz, y con tu sonrisa, los haces aceptar aquellas cadenas llenas de espinas que los hacen sangrar, pero ignoran eso "al contemplar tu amor". Son unos idiotas como yo.

Nuevamente he pasado días soñándola, 21 días son pocos... esta vez. Solté un suspiro, miré un trozo de papel y comencé a redactar mis textos que contienen trasfondo.

Luchaba por mantener su amor entre mis manos; por mantenerla enamorada de mí; hacerla sentir segura conmigo, y al necesitar ayuda, corriera a buscarme.

Aceptaría perder un poco más de mí memoria, que alguien inventara el "final" del amor esmerado que le tenía; un final donde sólo nos hallamos dicho adios por la maldita costumbre, no con golpes y desprecios al corazón. Que alguien inventara un final así para mí, para que mi rostro cabizbajo fuese por esa razón, con una pequeña esperanza y oportunidad para robarme su bonita mirada, aunque no cambiaría la historia, ella es el motivo de haber iniciado mis prosas... alguien que podría devolver mi sonrisa.

Ella era mi hermosa motivación; hacía que pensara en grandes ideas, iniciando con una "estúpida" idea para finalizar con algo satisfactorio. Hoy continúo con grandes ideas, pero no siento motivación para seguir y continuar creando, pero a pesar de verla lejos de mí, he tenido algunas ideas con un final satisfactorio, y hoy tuve unas más: se encuentra a la vista de sus ojos, forjada con letras, iniciada por una "estúpida" idea que me ha dejado un resultado satisfactorio.

Esto se ha convertido en mi ironía: ella será mi motivación para crear mis prosas que harán sentir tranquilidad, felicidad y otras emociones a quien las lea.

Un mensaje siempre está a la vista de tus ojos, es fácil encontrarlo pero no asumas ni asimiles nada: cuestiona todo. No plasmo letras para darte algo simple sobre qué leer. Yo plasmo letras para guiarte sobre cuál es la intención de este mensaje que intentas comprender, además de robar la mirada de esos ojos bonitos, que vuelvas a leer.

La intención no es enamorarte, tampoco que recibas un detalle banal. Escrito se encuentra mi mensaje. No explica mucho lo que deseo hacerte saber. Presta atención a los grandes y pequeños detalles, y confía en tu inteligencia. Destroza el mensaje y une lo que creas que es importante rehacer.

Es corto el tiempo y comprenderás qué significado existe entre mis letras. Llegarán en frío, enviadas para aquellos ojos bonitos y aquella sonrisa linda que adoro... y tiemblo al ver.

He enviado una hoja con un pequeño mensaje para ella, sé que lo descubrirá, solo necesita cuestionar todo su contenido: destrozando y uniendo lo que es necesario.

Se dice que es una locura soñar con ella:

"Sólo recibirás amistad de ella. Estarás admirando su belleza rodeado de suspiros. Buscarás cómo llamar su atención, tratando de ocultar tu alegría cada vez que estés con ella. El tono de su voz cautiva, no permitas que pase a ser tu sonido preferido.

Muchos han intentado construir un puente tratando de cubrir la brecha para llegar a su corazón. Un puente seguro para ellos pero no para ella. Tú construye un puente seguro para ella y espera a que cruce el puente para aceptar que tú has cubierto la brecha".

En algunos puntos yo discrepo de aquellos que esto sostienen. Los demonios buscan pasión derivado del sexo para saciar su deseo. El puente arde en llamas al dejar de ser un caballero… y no es seguro para ella.

Vive con apetencia de ser bonita, causando una vehemencia para redactar sobre su sonrisa: sus pequeñas risas son tiernas, las adoro, si sólo sonrie tendré qué disfrutar.

Tengo miedo de escribir: temo usar las mismas palabras que un día plasmé, sin embargo, al verla me causa una sonrisa (con gran ahínco tratando de ocultarla para que no percate mi alegría), y un temblor que no puedo identificar. Tal vez sea la timidez o es que siento interés, temblando ante su presencia, con temor por decir una estúpidez.

Estupido "sería" hablar de su belleza, no es mentira, para ella sería reiterante escucharlo: ella es bonita. "Ninguna cosa le impreciona", no espera recibir algo de alguna persona, no espera detalles de aquellos que la rodean.

No intentaré conquistarla, sólo le robaré sus sonrisas para admirarlas.

Conocimiento de cada día

Necesito algo eficaz para no pensar en ella; que no me enrede en el deseo por verla sonreír. No niego el deseo de tenerla, pero no quiero arrastrarla a mi locura. ¿Y si ella siente lo mismo? Me aherroja una fría cadena... pero la ignoro.

No entiendo por qué ella; me alegra, me causa soñar, desearla en diferentes maneras. Debo evitarla... mas no puedo. Recurro a la mentira para ocultar mis redacciones para ella.

La miro fijamente como si nada sintiera, simulando una simple plática. Cada tema es un pretexto para provocar su sonrisa, su enojo, causar que cambie su posición para aclarar algo.

¿Qué escribo? ¿Cómo plasmo en hojas de papel que quiero tocar tus labios? Es extraño, siento un pequeño temblor en mi cuerpo y aun así no ceso a causa de su belleza. Me cautiva, no ceso de pensar en su rostro y su... su voz. Me tiene acomplejado... me agrada que haya sido ella.

Mis pequeños pensamientos

Mi más grande necesidad es escribir, aunque no escribo sin analizar (y sin inspiración). Si ella no está aquí no existe motivo (inspiración) para escribir, sólo para plasmar en una hoja de papel lo que significaba ella para mí.

Antonio Grimaldo

Conocimiento de cada día

1. "Desperdiciaré" mi tiempo estudiando ingenería para ser el mejor y satisfacer mis necesidades, no ser el mejor para que me contrate una empresa y satisfacer las suyas. Estudiaré para mis objetivos y lograr mis metas, no para los de otra persona.

2. En un momento reflexivo sobre mi tiempo y estupidez, pensé:

   Prefiero "perder" mi tiempo en estudiar ingenería, para ganar $60,000 al mes, que perder mi tiempo intentando reconquistar a una mujer que no supo aquilatar lo que yo le entregué.

3. ¿Quieres cumplir tus metas, tus objetivos, tus sueños? Yo no te diré algo tan vago como «Hechale ganas» o «dedicale tiempo y esfuerzo».

   Desarrolla tu ingenio para crear técnicas para reunir toda aquella información necesaria y absorbela de una manera cómoda. Tu ingenio, sobre lo que realizas, es más valioso que la opinión de cualquier persona: tú buscas solucionar un problema, ellos arden ante tus ideas «estúpidas»... ideas de un ingenio que no desarrollan.

Un buen escritor no se evalúa por la cantidad de hojas que ha escrito, sino por las letras que han hecho sentir emociones, las letras que han causado pensar y reflexionar. El valor de 15 palabras redactadas bien, es más alto que el valor de 80,000 palabras tratando de encajarlas en aquel corazón donde las 15 se han plantado.

(Donde un escritor quiere absorber a los lectores de otro escritor. No es malo pero escriben para forzar la entrada de su idea en las personas, no para ayudarlas a encontrar una posible respuesta o hacerlas disfrutar una lectura).

Me agradan las ideas de otros escritores, algunos de sus títulos se escuchan tentadores. Sin embargo, no leo su contenido: me dá asco la manera en que las redactan.

Cómo olvidar, cómo dejar que se vaya y terminar de anhelar tan bella persona. Qué sentido tendría vivir sin el encanto de sus ojos bellos. Todo lo que sentimos es por ella. No existe mujer en el mundo que no haya sido fuente de inspiración para alguno.

Antonio Grimaldo

Conocimiento de cada día

Me fascinaría causar que sientas duda sobre tus conocimientos psicológicos: causar que "pierdas" la razón y platiques a todos que yo te he enamorado... que te sientes enamorada.

Antonio Grimaldo

Conocimiento de cada día

La tristeza no me vence, me aprovecho de ella para que sientas emociones.

Es muy bonita, aunque siempre lo es; a veces no puedo platicar bien con ella porque me pierdo en su mirada: sus ojos son muy bonitos, igual que su sonrisa. No quiero mirarla a los ojos por el mismo motivo y... no ser tan obvio.

Un texto está destinado a "explicar". Aquellos textos que, no "son importantes" para ti, te atreves a ignorar.

Si quien se dedica a redactar, hace extenso su texto, lo hace para ofrecer un texto con lujo de detalle (incluyendo ejemplos). Pero es odioso y aburrido para ti leer algo así. Entonces quien redacta se adapta a ti, creando textos más pequeños pero concretos, y aun así, ignoras lo que pides a gritos.

DECISIONES PROPIAS... DESPUÉS DE AMARTE

Vagaré escribiendo el final de mis poemas, porque siempre encuentro cómo iniciar mi muerte... dedicandote letras.

Podrás tener una, dos, tres o más profesiones, mas si no tienes cerebro y paciencia para alentar a un niño o niña a ser una persona buena, no te atrevas a comentarle que no logrará algo bueno y útil... porque sería ¡bueno! que yo te suprimiera, para que ellos conserven el potencial que desarrollarán mañana.

Ahora estoy como un estúpido... humano: siendo abatido por su sonrisa hermosa, ignorando que ella aprovecha mi nobleza, soy su lobo que no la destroza. Me tiene encadenado al olor de su piel, deseando morder sus labios... deseando acariciar su piel. Y ella refleja mi estado, sabiendo lo que puede tener en su vida, no logra valorar que me tiene a sus pies.

"Disculpa, amigo. No confundas su deseo por desahogar sus penas con la oportunidad de tenerla entre tus brazos. Respeto tus decisiones pero espera a que ella también muestre interés por ti."

Eso le comenté al humano estúpido que llevo dentro.

Yo quiero sólo una guitarra acústica para cantar canciones de "Los temerarios" para reducir el dolor o morir humildemente por amor. Ya no redactarle con anhelo para ver cuánto reduce su maldito egoísmo.

"Disculpa, de nuevo, amigo. Algunas veces odio extremadamente tu persona: eres una persona que le agrada compartir lo que algún día redactó pero eres un necio al no pensar que ella malinterpretará tu pasión por escribir. Podrías perder tu oportunidad con ella."

Eso le comenté, una vez más, al humano estúpido que llevo dentro. Yo sólo deseaba tener a una mujer que comprendiera que me agrada compartir mis textos para provocar sensaciones. Que no pensara que no iba a recibir poemas redactados por mí... inspirados por ella. Mis detalles no son banales.

DECISIONES PROPIAS... DESPUÉS DE AMARTE

Perdí una... y me quedé sin rastro de la otra: la primera la perdí por dejarla en segunda opción, y la otra, me quedé sin ella por falta de valentía. Hablo de mi dignidad y respeto, las perdí por anteponer a una mujer sobre mi persona.

El problema de los traductores no se encuentra en el software, sino en la comprensión humana: la ausencia para criticar, analizar y concluir, para perfeccionar el software, la aumenta el conformismo y la falta de interés... o el deseo de mantener confusión.

No le expliques qué es el amor. Conversa sobre algún tema; que ella descubra tus puntos de vista, espera a que fluya su interés por ti... e investiga <conversar>.

Vemos lo que existe en este mundo, sin embargo hay quienes fantasean un rostro bello, idealizan a las personas: imaginan sus tiernos labios, su sonrisa adorable, sus cejas finas, hasta una nariz perfecta. Para quienes no tienen idealizada a la persona, no es necesario fantasear, en este mundo existen ojos bonitos. Idiota sería aquel que no quiera verte, aquel que no quiera conocerte.

No intento alagarte, solo pienso que es estúpido cómo hay tantos hombres intentando idealizarte.

Anoche leía algunos poemas que había escrito. No sólo establecí mi estilo (mi redacción), noté que oculté mi deseo por ella. En cada uno agregué un párrafo que cambia la razón del poema. Es inútil... no tendré otro tacto de ella. Maldita apetencia resguardada por un maldito ámbito.

Si no fuese por este ámbito y yo gay, besaría tus labios. Sin embargo, sobre ser gay, es juego; una mentira. Sobre el ámbito, no es juego... besarte sólo se cumple en sueños.

Encauzado por el fragor en mi mente, cedo ante la apetencia que me agobia: yo le redacto, ella disfruta mis circunloquios.

Un día he de morir, pero les dejaré seguridad; algo en quien confiarán su vida: yo lo programaré para ustedes.

"Necesitas de mí para enfrentar a aquellos, ese corazón blando no te ayudará. Yo necesito vida y tú necesitas estímulo para tu furia y coraje.

Sólo haré una advertencia: tus deseos serán más agudos".

(Él, 2001, antes de que Antonio aceptara).

Lo que beneficia tiene su propio juego con alguna ironía como regla.

Mientras obtengas un resultado satisfactorio de alguien o algo, no lo dejarás, no lo ignorarás... y representarás la ironía del control.

Cuando era niño no sabía por qué me sonreían, sólo sabía que mi edad aumentaba; así de estúpido era. No sabía que ese día era feliz y solamente deseaba un balón o una playera del equipo Guadalajara.

Apartir de los 10 años no tuve ese día alegre: siempre lo arruinaban.

No espero un día alegre, solamente no quiero que jodan la tranquilidad de ese día y compartir mi alegría. Venga... yo le compartiré de mi alegría escasa. No la desperdicie, es una de las pocas honestas que recibirá; en niños abunda, en adultos escasea.

Antonio Grimaldo

La noche está agradable pero mis pensamientos no están a mi favor: ella vaga por los pasillos de mi mente. Su sonrisa y su mirada son una mezcla perfecta para joder mi tranquilidad. No debo acostumbrarme a ese rostro bello; lo que anhelo suele marcharse, de algún modo se aleja.

Se drena mi alegría y la tinta de mi bolígrafo para ofrecer a mis lectores algo para leer. ¿Serán de su agrado? Espero que mis letras tengan valor: que valgan toda mi alegría drenada.

Compraré más tinta y estaré en espera de alguien que no se marche, ¿o aprender a no anhelar? Compraré tinta, papel y 2 litros de vino: tendrán aún más para leer.

Que todos olviden tu nombre, que dejen de soñarte. Coméntales que olviden que pueden tener hogar en tu corazón. Platícales que alguna vez jodí tu tranquilidad y te envolví en una ilusión. Ilústrales el cariño que sientes por mí. Asegúrales que no te agradan esos "métodos" para "conquistar": no te es grato vivir en juegos. Cerciórales que sólo conmigo deseas crear tu historia.

Disculpa mi arrogancia (brioso): es inevitable; tus labios son tiernos, es algo que a cualquiera se le puede comentar pero el encanto que siento por ti se complementa con el olor de tu piel.

Días después del día que yo muera, todos ustedes morirán. Será una gran obra de arte, un espectáculo en vivo y a color donde no hay guión qué respetar; los gritos, el llanto y el terror en sus rostros causarán que odien su pereza, la tecnología y recordarán mi nombre.

Todo estará programado y garantizado si yo no perezco naturalmente: si me jodes, te jodo, sin importar cuánto tiempo pase.

1. "Por culpa de tus principios no disfrutarás la vida", eso me comento un amigo. Tiene razón. Cederé ante mi deseo, la miraré a los ojos y diré: "Hace tiempo he deseado verte a los ojos y decirte <esto lo redacté para ti>" y, con firmeza y temor, callaré hasta verla nuevamente.

2. "Ni la psicología podrá responder, aún con todas las teorías posibles, es difícil comprender por qué sucedió".

    (Josué Guerra, 2016, conversación de hermanos (entre Antonio y Josué)).

    He estado pensando demasiado en su comentario. Ya no pido una respuesta sobre mi complejo, de nadie ni de profesionales, sólo de ella: quiero una respuesta... o un beso de sus labios.

Él.- Oye, oye... Antonio. ¿Por qué la observas demasiado?

Antonio Grimaldo

Antonio.- ¿Has notado lo "fácil" que es para mí redactar cómo afecta su presencia en mí? Me es fácil explicar cómo me conturba con su presencia mas es difícil explicar qué es lo que realmente noto en ella.

Antonio Grimaldo

Él.- Sólo es una mujer. No comprendo cómo afecta en ti.

Antonio.- ¡Me altera!: jode mi tranquilidad, desequilibra mis emociones. Yo sólo puedo mirarla, observar el movimiento de su cabello desplazándose de un lado a otro, observar sus piernas hasta llegar a su cadera, la variedad de gestos de su rostro bello... oler su aroma agradable. ¡No puedo hacer más!: no beso sus labios, no toco lentamente su rostro. Me queda soñar locuras con ella.

Antonio Grimaldo

Me agradaría mostrarles una fotografía de esa mujer: ahorraría demasiadas hojas y tinta para redactar su belleza. En una sola foto comprenderían por quién me siento abobado, por qué tanto misterio, deseo; por qué vaga demasiado tiempo en mis sueños; por qué demasiadas imágenes de ella en mi mente; comprenderían por qué opto por callar, resguardarme en este ámbito y embelesarme al verla.

Pienso que debo dejar de ser tan ostensible en mis poemas y pensamientos. El día que te percates que este ingenuo escribió estas palabras para ti con mucho furor y pasión, para provocar una de las características bellas de ti: tu sonrisa, tal vez temas, te alejes y no vuelvas a verme más. Sólo disfrútalo. Este ingenuo no tuvo intensión de ser un charlatán.

1 de septiembre del 2018, recordé una anécdota que me platicó mi madre, al recordarlo sentí un nudo en la garganta, una presión en el pecho y el apetito se desvaneció, mas no iba a desperdiciar el pan y el café… me los tragué con lágrimas en el rostro.

Me siento extraño: nervioso, emocionado y serio. Cada vez que escribo siento como si pudiera tocarte, mas sólo es un texto que sólo puede agradarte mediante la lectura, no en contacto físico. Por lo menos uno... dos... tres, ¡hasta más besos! Lástima, demasiadas palabras que no puedo representarlas en tu cuerpo, haciéndome sentir un charlatán.

Por ahora me siento ceñido en la zozobra de mi complejo. No me siento preparado para confesarle a ella lo que siento; podría asustarla mi poca ortodoxia.

Algún día le confesaré que, entre poemas y pensamientos, tengo guardado el deseo por sus besos.

Antonio Grimaldo

Observaba su rostro: bello, suave... piel muy suave. Me sentí ababol, ni la voz en mi cabeza me alertaba del tiempo que consumía por observarla.

Comprendo que el calor de su cuerpo no es para mí... sus labios idílicos. No puedo hacer nada para enamorarla, mas los ámbitos no son para mí y crece el impulso por besarla; los sueños no llenarán mi apetencia.

www.ingramcontent.com/pod-product-compliance
Lightning Source LLC
LaVergne TN
LVHW041538060526
838200LV00037B/1043